NOTICE

SUR

CHARDON-LAGACHE

FONDATEUR

DE LA MAISON DE RETRAITE D'AUTEUIL

PARIS
HACHETTE & Cie
79, BOULEVARD ST-GERMAIN, 79

1879

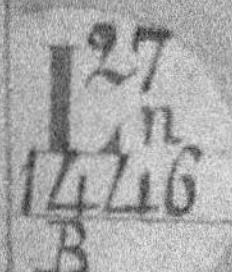

CHARDON-LAGACHE

PARIS-AUTEUIL
IMPRIMERIE DES APPRENTIS-ORPHELINS. — ROUSSEL
40, rue La Fontaine, 40

NOTICE

SUR

CHARDON-LAGACHE

FONDATEUR

DE LA MAISON DE RETRAITE D'AUTEUIL

PARIS
HACHETTE & Cie
79, BOULEVARD ST-GERMAIN, 79

1879

CHARDON-LAGACHE

Le récit de la vie des individus n'éveille l'intérêt et ne mérite l'attention qu'à deux titres : ou bien parce que ces individus ont exercé sur la destinée de leur pays une influence considérable, ou bien parce que les circonstances de leur existence sont telles qu'il s'en dégage de précieuses leçons pour les autres hommes, mérite bien supérieur à tout ce que le vulgaire appelle la gloire.

A ce dernier titre, rien de plus instructif, rien de plus digne d'attention que le tableau de la vie de Chardon-Lagache. Il suffit d'exposer les faits, ils parlent avec une éloquence persuasive et puissante; car de cette existence de plus d'un demi-siècle s'exhale un parfum de vertu chrétienne qui enseigne et console, qui vivifie et soutient.

Au commencement de ce siècle, Auteuil n'était encore qu'un petit village des environs de Paris assez semblable à celui que Boileau et Molière avaient habité. Au milieu d'une maigre population de quinze cents à deux mille paysans vivant de la vente de leurs fruits et de leurs légumes, quelques maisons de campagne étagées sur la pente du coteau qui descend vers la Seine, apportaient pendant quatre mois de l'année la vie et le mouvement. Mais l'hiver revenu, le petit village rentrait dans le calme et la solitude; car il était séparé par un long chemin de Paris; Paris alors finissait à ce qui est aujourd'hui la place de la Madeleine.

Avec le curé, dont il était l'ami et près duquel il demeurait, la providence du petit village, était un médecin que recommandait une infatigable bienveillance. Le docteur Chardon, natif de Lyon, habitait avec sa femme, dans la rue Molière, une maison qui est aujourd'hui le n° 4 de la rue d'Auteuil.

Ce modeste et simple ménage se faisait remarquer par son ardeur à pratiquer les devoirs de la charité. La reconnaissance de ses clients avait de bonne heure décerné à M. Chardon le titre de médecin des pauvres, et il était impossible de prendre plus au sérieux ce titre et ces fonctions.

Mais l'estime publique ne séparait pas la femme de son mari : alerte et intelligente autant que dévouée au bien, Mme Chardon, une frêle et nerveuse créature, était l'auxiliaire assidu de son mari. A défaut de pharmacien, elle préparait les médicaments prescrits par le docteur, elle les portait aux indigents, elle en montrait l'emploi aux plus inexpérimentés, elle en surveillait les effets et les résultats ; puis toutes les fois qu'elle remarquait dans la cabane un dénûment dont son cœur s'affligeait, sans plus ample informé, elle apportait le linge ou les effets indispensables, et les déposait sans rien dire sur la table de ses pauvres clients. Quand son mari était appelé pendant la nuit pour aller à travers les champs ou les vignes porter ses secours à quelque chaumière éloignée, c'était elle qui prenait soin de le couvrir solidement contre le froid, de lui mettre en main sa lanterne et sa canne, enfin de lui imposer doucement toutes les précautions propres à conserver cette précieuse existence. En l'absence de M. Chardon, venait-il à être réclamé par une femme qui ne pouvait attendre, Mme Chardon s'empressait de le suppléer; on la voyait alors partir avec quelques serviettes dans un petit panier ; et souvent, quand le docteur arrivait près de la malade, il n'avait plus qu'à féliciter la sage-femme improvisée qui l'avait précédé, d'avoir si bien fait sa besogne. D'ailleurs, le lendemain, le docteur revenait voir la malade, et quand il le jugeait à propos, il lui apportait dans sa poche le pot au feu dont le bouillon devait aider à son rétablissement.

Ainsi la passion du dévouement était commune à ces deux nobles âmes; ainsi elles considéraient la fatigue, les nuits passées, les dangers même comme une faveur du Ciel, qui demande beaucoup à ceux qu'il aime beaucoup.

Ce fut de ce ménage modèle, ce fut dans cette petite maison bénie de Dieu que naquit, le 6 avril 1807, l'enfant qui devint Chardon-Lagache : le berceau d'un pieux bienfaiteur de l'humanité ne pouvait être mieux placé que dans cette pieuse demeure.

Baptisé à Notre-Dame d'Auteuil sous les noms de Pierre-Auguste-Marie-Alfred, l'enfant grandit dans un intérieur plus que modeste : le dévouement du docteur pour des clients qui le payaient rarement, lui rapportait plus de bénédictions que de profits; de plus les malheurs de l'occupation de 1815 et le séjour prolongé des soldats étrangers dans la petite maison d'Auteuil réduisirent le pauvre ménage à une telle gêne, qu'il fallut congédier une servante qui avait vieilli dans la famille.

Cependant après leur éducation primaire, Alfred et son frère Alphonse furent placés au lycée Louis-le-Grand; mais bientôt, faute de pouvoir subvenir à de telles dépenses, on décida que seul, l'aîné continuerait ses études en vue de succéder à son père, tandis que le plus jeune entrerait dans le commerce. Ce fut donc dès l'âge de quatorze ans, que commença pour lui en 1821, la vie des affaires.

Les débuts du jeune Alfred furent sévères, mais significatifs; il fit son apprentissage commercial chez un petit mercier de la rue de Beaune, où les commis remplissaient l'office de garçons de peine et tour à tour devaient balayer, laver, entretenir la boutique. Sa seule distraction était, après une longue semaine de labeur, l'après-midi du dimanche passée à Auteuil auprès du foyer paternel.

Telle fut l'activité intelligente du jeune commis, qu'au bout de trois mois, son patron refusa de recevoir le complément de la pension convenue, disant avec loyauté que cet enfant lui rendait de véritables services et que c'était à lui plutôt d'appointer un tel commis.

Ce fut dans les rares et précieuses visites du dimanche à Auteuil qu'Alfred vit et aima la fille d'une amie de sa famille, Mlle Panline Lagache, dont la mère, retirée du commerce avec une petite fortune, apprécia si bien les qualités du jeune homme qu'elle ne craignit pas de confier à un enfant de vingt-trois ans une jeune fille de seize ans. Quelle fête charmante pour Notre-Dame d'Auteuil, quand, le 28 juillet 1831, fut célébré cet heureux mariage ! Alfred reçut de son père dix mille francs de dot, Mlle Lagache en recevait vingt mille, et Mme Lagache commanditait son gendre pour vingt mille autres francs.

Tel fut l'apport avec lequel le jeune ménage entreprit de s'établir : ils achetèrent en 1832 un petit fonds de marchand de nouveautés situé au n° 5 du faubourg Saint-Honoré et connu dans ce quartier alors presque désert, sous ce titre : *Aux montagnes russes.*

Sur ce théâtre nouveau se déployèrent avec éclat les aptitudes remarquables de cet homme dont un de ses amis disait : « Dieu l'a créé pour être commerçant ! » La suite prouva que c'était encore pour autre chose.

II

Un trait de caractère bien édifiant et qui n'étonnera point de la part de deux familles profondément catholiques, c'est que le jour même où la maison de commerce fut installée sous la raison Chardon-Lagache, une messe fut dite à l'église de l'Assomption pour appeler les bénédictions de Dieu sur l'entreprise du jeune ménage; au retour seulement le public fut admis dans le magasin : Dieu devait combler de toutes ses faveurs une entreprise si saintement inaugurée.

En 1832, la petite maison des *Montagnes russes* faisait peu d'affaires et n'avait qu'une clientèle modeste; par un progrès très rapide elle fut transformée en une maison de haute confection qui défia bientôt toute rivalité. Après Dieu, M. Chardon-Lagache reportait à trois coopérateurs l'honneur de son succès : d'abord sa femme dont la prévenance et la tendresse ont été le charme constant de sa vie de tous les jours, sa femme dont la distinction et la piété touchaient et captivaient tous les cœurs; puis un ancien compagnon des premières années de labeur, M. de Roizin qui lui apporta le concours d'un goût délicat et sûr pour le choix des étoffes et le dessin des costumes qui donnèrent à la maison son originalité et sa distinction; enfin Madame la baronne de Barante qui se fit un généreux plaisir de patronner ces jeunes gens si laborieux, se proposant elle-même, avec la bonne grâce d'une vraie grande dame, pour être leur introducteur dans la société aristocratique de Saint-Pétersbourg où le baron de Barante résidait comme ambassadeur de France. Bientôt la clientèle de la noblesse et de la cour de Russie valut aux *Montagnes russes* la clientèle de toutes les cours d'Europe, les commandes du faubourg Saint-Honoré et celles du faubourg Saint-Germain.

Il n'est que juste de mentionner aussi son personnel d'employés dont quelques-uns datent de la fondation de la maison et sont restés des amis.

Mais si le succès amène le succès, il entraine après lui des difficultés et des périls que seule peut conjurer une activité dont le tableau mérite d'être tracé comme un excellent modèle à suivre.

De 1832 à 1871, c'est-à-dire pendant près de

quarante ans; voici d'après les témoignages les plus authentiques quelle fut la vie de Chardon-Lagache :

Dès sept heures du matin en été, dès huit heures en hiver, il etait au magasin, s'assurant que tout son personnel de cinquante-deux employés était à son poste ; puis après avoir consulté le livre de notes pour se fixer sur l'emploi de la journée qui commençait, il donnait les ordres et faisait les expéditions en conséquence ; ensuite sans jamais s'arrêter, il avait l'œil à tout ce qui se passait dans la maison, surveillant la bonne tenue de tous ses employés et s'assurant que personne ne sortait mécontent.

C'est dans les rapports avec ses clients qu'il était vraiment merveilleux. Son affabilité, sa prévenance souriante, sa déférence envers le public lui donnaient une incroyable puissance de séduction. Les commis aimaient à le suivre avec une sorte d'admiration dans ses causeries avec ses clientes, qui toutes le quittaient enchantées et ravies. Que de fois ils l'ont vu réparer leurs fautes, ramener une cliente qui allait partir mal satisfaite, et ne la laisser s'éloigner qu'après avoir obtenu d'elle une commande importante : la loyauté de ses offres, l'aménité de son langage étaient ses seuls moyens de triomphe. De l'avis unanime de tous les témoins, c'était un véritable charmeur.

Vers neuf heures et demie du soir, quand la journée était finie pour tous les employés, M. Chardon sortait; il allait prendre l'air et « battre des jambes, » comme il disait ; il arpentait les boulevards, depuis la Madeleine jusqu'à la porte Saint Denis, et rentrait.

Au retour, les affaires le reprenaient : assis à son bureau, il s'assurait de ce que valait la journée, vérifiait la vente et les commandes de chaque comptoir et notait les rentrées. C'était à minuit seulement au plus tôt qu'il allait goûter un repos bien nécessaire pour pouvoir recommencer le lendemain.

A qui lui demandait quels étaient les instruments de sa fortune, un riche cultivateur répondait en montrant deux bras forts et vigoureux; Chardon-Lagache aurait pu répondre de même par ces deux mots : *Travail et probité.*

En effet c'était une activité infatigable, une probité et une sincérité parfaite, un soin scrupuleux de tous les détails, une surveillance qui ne se relâchait jamais. Sa sollicitude s'étendait jusqu'à la conduite et aux mœurs de ses employés. Il n'était pas de ces commerçants qui disent :

« S'il fallait me mêler de ces détails-là, je n'aurais plus un commis. » Chef et patron d'une maison considérable, il estimait qu'il avait charge d'âmes, et ne se désintéressait jamais du devoir de veiller au bien partout et pour tous.

Cette élevation de principe et cette noblesse de sentiment qu'il portaît en tout, Chardon-Lagache en reportait l'honneur à sa foi chrétienne, et il avait raison.

Depuis deux siécles, l'esprit moderne, en faisant le vide dans l'âme humaine ne lui a plus laissé aucun autre principe d'activité que l'intérêt personnel, c'est-à-dire l'égoïsme et l'amour du plaisir.

Comme elle limite les ambitions de l'homme aux biens de cette terre, la morale commune du monde contemporain est la morale de la jouissance et de l'intérêt. Or, entre les intérêts la lutte est acharnée et sans merci. Au point de vue économique, c'est donc uniquement par calcul que le patron ménage l'ouvrier et que l'ouvrier supporte le patron : au fond c'est la haine et l'envie à mort.

La conséquence de cet état moral, est une concurrence que ne peut réfréner aucune considération et qui ne vise qu'au succès. De là chez les plus honnêtes gens une disposition à séparer le commerçant de l'homme et à employer sans scrupule dans les affaires des moyens de succès dont la conscience aurait à rougir partout ailleurs. Les mots vulgaires qu'on se donne comme excuse, ce sont les phrases connues : « Pas de sensibilité en affaires ; — Les affaires sont les affaires ; — Une maison de commerce a une caisse et non un cœur, » etc.

Sur ces principes se sont fondées des fortunes colossales qui font le plus grand honneur à l'esprit de ceux qui en jouissent, mais dont M. Chardon n'aurait jamais voulu.

Son succès est donc une grande leçon, parce qu'il montre que, même dans notre âge de fer et d'or, un chrétien peut réussir avec éclat sans abdiquer aucun de ses sentiments, aucune de ses pratiques religieuses. Quel précieux enseignement moral ; car d'ailleurs les qualités commerciales de M. Chardon sont à la portée de tous ceux qui le voudront bien : régularité ponctuelle, soin méticuleux des détails, extrême prévenance envers les clients, probité scrupuleuse.

Dès 1848, la prospérité prodigieuse de ses affaires avait assuré à M. Chardon-Lagache une opulence qui dépassait ses espérances et son ambition ; le commerçant pouvait être heureux et fier; nous verrons comment le chrétien fit servir au bien d'autrui ces faveurs de la fortune qui couronnait toutes ses entreprises.

Après une nouvelle période non moins brillante que la première, l'émotion que lui laissa la guerre de 1870 et surtout la Commune de 1871, lui causa un découragement si profond, qu'il prit la résolution définitive de céder sa maison de commerce. Il n'avait été sauvé de la ruine que par le dévouement filial d'un employé qui avait lutté contre l'incendie et le massacre, et, au péril de sa vie, préservé du pillage et des flammes le numéro 7 de la rue du Faubourg Saint-Honoré, quand le numéro 3 était en feu. Aussi, dans sa reconnaissance pour ce sauveur dont l'attachement datait déjà de trente années, lorsqu'il le revit, M. Chardon-Lagache l'embrassa en disant : « Cyrille, ce n'est point un serviteur, c'est un ami; il est de la famille. » Bien plus, il le choisit pour le confident et l'intermédiaire de presque toutes ses bonnes œuvres; car en changeant de théâtre et d'objet, l'activité de Chardon ne se ralentit point : il avait travaillé pour la fortune; il allait travailler pour Dieu.

III

Les quinze premières années d'un travail opiniâtre et intelligent lui ayant déjà donné l'opulence, tout autre se serait arrêté pour jouir d'une richesse honorablement acquise ; mais Chardon-Lagache se sentait la force de poursuivre et la foi dans la réussite. Il ne voulut point se retirer; mais il demanda à Dieu de lui accorder quinze nouvelles années de santé, de travail et de succès, promettant de consacrer aux pauvres ce regain de bénéfices. Dieu accepta l'engagement et favorisa plus que jamais l'ouvrier de sa Providence. Chardon-Lagache fut fidèle à la parole donnée ; et quinze ans après, il mit plus de deux millions au service de la charité chrétienne.

Dès longtemps, son âme religieuse s'était associée à un grand nombre d'œuvres utiles.

Digne fils du médecin des pauvres d'Auteuil, Chardon était tout amour et charité ; il aimait à rendre à la Providence dans la personne des indigents une grande partie de ce que la Providence avait daigné lui donner : « Le Ciel m'a comblé, disait-il; ma fortune est au-dessus de mes besoins et de mes désirs; n'est-ce pas un avertissement de Dieu; ne me dit-il pas de reverser sur mes frères moins heureux ce flot montant de bénédictions temporelles? »

Ainsi il rattachait sa bienfaisance au principe le plus élevé de tous, l'amour de Dieu pour sa créature. La philanthropie est un sentiment, comme tous les sentiments humains, exposé aux caprices de la sensibilité; la charité est un amour divin, infini, immuable comme la source d'où cet amour émane, s'épanchant avec une épuisable libéralité sur tous les enfants de Dieu, par cela seul qu'ils sont nos frères.

D'ailleurs, comment aurait-il oublié que la plus belle part de son patrimoine, c'était l'exemple laissé par ses parents? Noblesse oblige; et Chardon-Lagache se sentait obligé par les vertus chrétiennes de son père. Souvent son cœur lui représentait le tableau des funérailles du médecin des pauvres: c'était le 13 mars 1845; la neige tombait à flots et couvrait la terre; les porteurs se hâtaient vers le petit cimetière d'Auteuil: « N'allez donc pas si vite, leur dit une pauvre femme tout en pleurs; il sera toujours trop tôt de le mettre en terre. »

A la libéralité qui fait le bien, Chardon-Lagache joignit la réflexion qui sait le bien faire. Ce fut vers l'année 1857 qu'il conçut l'idée de sa grande fondation ; mais il se donna le temps de mûrir cette idée.

Jamais chrétien n'a mieux mérité cette bénédiction du roi prophète ; « Bienheureux celui qui a l'intelligence des besoins du pauvre et de l'indigent. » Cette fondation n'est pas seulement une œuvre bonne et charitable ; elle est une œuvre très intelligente, car elle répond à merveille à l'un des besoins du temps et manifeste hautement les bienfaits d'un procédé dont nous avons usé et abusé, mais qui sous l'empire de la loi chrétienne peut porter les plus heureux fruits : l'asssociation. Pendant plus de cinq ans, Chardon-Lagache ouvrit une sorte d'enquête, consulta des prêtres et des laïques, des financiers et des ouvriers, des médecins et des administrateurs; il s'enquit avec le plus grand soin de ce qu'il avait de mieux à faire, et de ces conseils, de ces dépositions, de ces faits divers sa propre réflexion fit sortir une œuvre hospitalière très nouvelle, très ingénieuse et très utile.

La question vitale, le problème sombre pour tout homme qui doit sa subsistance à son travail, c'est le lendemain, c'est l'avenir. Il se dit : « Tant que j'aurai des bras et de la santé tout ira bien; mais quand viendra la vieillesse avec ses infirmités?... » La raison lui répond : « Epargne pour tes vieux jours; l'épargne est ton recours et ton espoir. — Epargner, répond le journalier; mais quoi? Je gagne à peine le nécessaire. Même dans les conditions les plus favorables, quel misérable capital, quel mince revenu! A quoi bon me priver aujourd'hui pour vivre encore de privations, quand je serai vieux? Triste calcul! Mieux vaut jouir du présent et compter sur la chance ou sur Dieu, pour le soin d'un avenir qui sera toujours misérable. »

Tel est le sophisme du découragement, auquel la fondation nouvelle vint répondre d'une manière triomphante. L'indigence, la misère a déjà des asiles qui lui sont ouverts, et le chrétien ne laisse jamais mourir de faim un frère qui implore un secours; mais cette pauvreté qui n'est pas la misère, cette gêne étroite qui est presque aussi douloureuse, elle n'avait aucun asile; elle demandait qu'on lui ouvrît une voie d'espérance meilleure. C'est donc à une classe très intéressante de travailleurs que Chardon-Lagache est venu dire : « Epargnez, et votre épargne produira au centuple; épargnez, et je me charge de doubier votre apport; épargnez, et je vous donne un logement confortable dans une propriété d'un hectare et demi, située au milieu du quartier le plus sain de Paris; épargnez, et grâce à l'association, un revenu de cinq cents francs vous assurera un bien-être que dans l'isolement, quinze cent francs ne vous donneraient point. »

Commencée en 1859, l'entreprise mit six années à se réaliser et il fallut la persévérance, l'abnégation, le zèle infatigable du fondateur pour en assurer le succès : le bien même n'est pas facile à faire au milieu du réseau de lois et d'ordonnances qui entravent et découragent souvent les volontés les plus robustes.

Il eut la satisfaction de trouver un concours respectueux de la part de son fils, M. Alfred Chardon, qui voulut s'associer aux intentions bienfaisantes de son père avec un généreux désintéressement.

Quand il s'agit de donner un nom à cette maison qui reçut la consécration religieuse le 16 Août 1865, le fondateur voulut associer à son nom le nom de sa femme : il ne se lassait pas de dire que la meilleure moitié de lui-même c'était cette compagne dont les délicates et exquises qualités avaient été l'ornement de sa vie, l'encouragement de ses labeurs et un puissant auxiliaire de ses succès. Elle avatt été à la peine, il voulut qu'elle fût au triomphe ; voilà pourquoi, le maison de retraite continuant pour ainsi dire la maison de commerce, ce fut, ce sera à tout jamais la Maison Chardon-Lagache.

Le gouvernement de la France s'honora en s'associant à la consécration religieuse de ce grand établissement ; il chargea le directeur de l'administration de l'Assistance publique M. Husson d'annoncer à M. Chardon-Lagache qu'il était nommé chevalier de l'ordre de la Légion d'honneur.

Rien ne manqua donc au succès de cet asile pour la vieillesse, monument impérissable d'un immense désir d'être utile et de contribuer au bonheur des hommes, cette passion héréditaire dans la famille Chardon.

Le fondateur vint se fixer lui-même en face de son Asile, pour le surveiller, pour en étudier le mouvement et la vie, pour en perfectionner tous les jours les détails. Le commerçant seul avait pris sa retraite ; le chrétien n'abdiquait point ; il continuait son œuvre avec une ardeur qui grandit chaque jour.

IV

La retraite ne pouvait être l'inaction pour un travailleur aussi ardent qu'infatigable : la charité chrétienne ouvrit à Chardon-Lagache une voie nouvelle dans laquelle il s'engagea avec un zèle qui sembla croître avec l'âge et multiplier ses forces au-delà du possible.

De douloureux souvenirs de famille, l'ombre d'un deuil fraternel pouvaient jeter parfois dans son âme des nuages et des tristesses, ce fut au travail qu'il demanda de les dissiper ; à ces funèbres images il échappait en se livrant à cette passion chrétienne de la charité qui, l'absorbant tout entier, lui procurait le calme par la satisfaction du devoir accompli.

La même activité qu'il avait si heureusement déployée dans les affaires, il la consacrait aux œuvres de charité. Outre la part qu'il prenait à toutes les libéralités auxquelles il s'était engagé, sa bourse était ouverte à toutes les misères ; et, sollicité de mille côtés, il ne restait sourd à aucune demande. Sachant que donner vite, c'est donner double, il avait fini par recommander à l'excellent intermédiaire entre lui et les pauvres de secourir sans autorisation toute infortune qui lui semblerait le mériter. D'ailleurs son penchant à obliger partout et toujours était si connu qu'on n'hésitait pas à réclamer son appui avec une confiance que jamais il ne taxa d'indiscrétion : œuvres de charité, misères publiques, souffrances privées, douleurs secrètes, tout était de son ressort. Il est absolument impossible de calculer ce qu'il donnait, lui-même n'aurait pu s'en rendre compte.

En appelant sur lui l'attention du gouvernement, sa fondation l'avait désigné aux fonctions de membre du Conseil de surveillance de l'Assistance publique, et au milieu de cette société éminente, il se fit bien vite une place distinguée. Il fut entre tous le travailleur actif, exact, assidu. Ses rapports succincts et complets étaient très appréciés; ses visites dans les hôpitaux n'étaient point un coup d'œil superficiel, c'était un examen attentif et sérieux : il causait avec les malades sur le ton d'une bonté touchante; il s'assurait en les goûtant de la qualité des aliments; il encourageait à la résignation et à l'espoir en Dieu, les Sœurs dont les vertus et les services ne rencontrent pas toujours et de tous la reconnaissance que méritent ces filles de

Dieu, ces garde-malades incomparables que rien au monde ne peut remplacer, parce que la philanthropie ne remplace pas la charité, parce que l'homme ne remplace pas Dieu.

Pour reporter sur les familles indigentes cette sollicitude affectueuse qu'il avait le regret de ne point épancher sur de jeunes enfants dans sa propre famille, il se mit au service de la Société des Amis de l'enfance et se fit là, comme partout, une place distinguée parmi les administrateurs de cette institution qui moralise à la fois l'enfant et la famille.

Des premiers, il fut un bienfaiteur de cette colonie agricole de Mettray, qui a pour but de reconquérir au bien de malheureux enfants que leurs débuts semblaient vouer à l'infamie. Comme membre du Conseil d'administration il s'applaudissait du succès d'une institution qui a provoqué tant d'imitations heureuses en France et à l'étranger, et il soutenait de toutes ses sympathies M. Blanchard, digne continuateur de l'œuvre de MM. Demetz et de Courteilles.

Le Conseil d'administration de l'Asile de Vincennes l'avait choisi comme Président.

Personne mieux que lui ne pouvait apprécier la valeur morale de la Société fondée en 1861 par la sœur Saint Augustin pour les demoiselles de commerce, et qui compte aujourd'hui près de cinq cents associées ; il en était le vice-président.

Son entrée au Conseil d'administration de Saint Nicolas lui fit comprendre que de toutes les formes de la charité, le concours à l'œuvre des écoles chrétiennes est le plus efficace pour le présent et pour l'avenir. Il l'appelait « la Providence visible des enfants du peuple de Paris. »

Oui, l'expérience et la réflexion lui avaient appris que, si nous voulons que la France se sauve, il faut que l'enseignement populaire soit chrétien. Hors de l'éducation chrétienne, il ne voyait rien qu'utopies orgueilleuses et vides : « Bannir Dieu de l'école ; disait-il, mais c'est éteindre le soleil du monde moral ; étrange moyen de répandre les lumières en France ! » Comment n'aurait-il point accueilli avec enthousiasme cette Œuvre de Saint Nicolas, qui recueillant les jeunes garçons de la classe ouvrière, pour leur donner, avec l'éducation chrétienne, l'instruction primaire et professionnelle, au lieu d'attendre la chute dont il est si difficile de se relever et de se guérir, s'empresse à prévenir le mal.

Il prenait un vrai plaisir à surveiller ses

apprentis jardiniers d'Igny, et il mit ses soins particuliers à encourager cette institution et à lui ménager des relations profitables au développement agricole.

Parmi les œuvres de charité catholique une de celles qu'il avait le plus à cœur de mener à bien c'était la restauration religiense de l'école de Vaujours, maintenant *École-Asile Fénelon* : c'était un travail délicat et difficile.

Auxiliaire dévoué de son ami M. H. Davillier, aujourd'hui Président de la Société Fénelon, il réussit au-delà de toutes ses espérances. Cette rénovation rapide lui révéla le secret de ce que peut la discipline chrétienne pour rétablir et maintenir partout la vie morale; souvent on l'entendait rappeler ce témoignage en faveur de la religion; comme français et comme catholique, il en était très fier. Jamais il n'avait mieux compris que la question religieuse est la question vitale pour les nations comme pour les individus.

Enfin, ses rapports avec la société de Saint-Nicolas le conduisirent à s'associer à l'œuvre du Vénérable de la Salle, ayant pour objet de former des Frères des Écoles chrétiennes.

A titre de membre de la Société philanthropique, il a par tous les moyens possibles, contribué à la fondation de l'Asile de nuit pour les femmes, ouvert tout récemment à Paris.

Depuis cinq ans qu'il avait été nommé à l'unaminité Président du Conseil de fabrique de Notre-Dame d'Auteuil, il s'était employé au bien de la paroisse avec une suite et un zèle qui auraient fait supposer qu'il n'avait rien autre à faire : il s'était entremis avec ardeur dans des négociations où il apportait l'habileté d'un diplomate et la constance d'une âme vraiment chrétienne : jamais sa charité et sa délicatesse ne furent soumises à de plus rudes épreuves.

Partout son zèle infatigable autant que modeste lui avait gagné les cœurs et assuré l'affection de tous ses collègues. Vainement l'envie la plus pénétrante chercherait un reproche qu'on pût justement lui adresser. Dans les Conseils où il siégeait il n'était pas de ceux qui veulent attirer bruyamment l'attention et enlever l'autorité, au risque de fatiguer la patience de leurs collègues ; il écoutait plus volontiers qu'il ne parlait ; mais cette autorité qu'il aurait rougi d'usurper, il la conquérait plus sûrement par une attention presque déférente, qui lui valait toutes les sympathies, parce qu'elle ménageait tous les amours-propres Au lieu de parler il agissait et intervenait avec empressement pour apaiser les dissentiments. Cet esprit constant de conciliation, il en donnait la raison la meilleure du monde : « Les hommes de bien réunis pour une œuvre de charité ne peuvent avoir que de bonnes intentions, et doivent toujours finir par tomber d'accord : cherchons-en le moyen. »

Il était servi dans cette œuvre excellente par une grande netteté pratique dans les idées et une parfaite précision dans le langage. N'oublions pas que la tendresse de son âme se manifestait par une urbanité dont la bonne grâce touchait les plus hostiles et devait satisfaire et au-delà les plus exigeants. Il avait la séduction du regard, du sourire et de la voix, une sorte de fascination que subissaient les plus défiants et les plus rebelles ; un heureux à propos pour dire à chacun ce qui pouvait le mieux lui plaire. En un mot, sa vertu s'imposait doucement même à ceux qui ne partageaient point sa foi.

Dans un temps où la politique a tout envahi, c'eût été chose étrange qu'elle n'eût point réclamé un homme tel que Chardon-Lagache ; mais les avances de ce sphinx qui a dévoré tant de victimes offrirent à cet homme vraiment supérieur l'occasion d'un triomphe presque sans exemple.

Une des preuves de sa fermeté et de sa résolution dans le bien en même temps que de la sincérité de sa modestie, c'est l'énergie avec laquelle il tint bon contre toutes les tentatives et toutes les instances faites auprès de lui pour le déterminer à se présenter au suffrage des électeurs de Paris et à prendre un rôle politique. Sa passion du bien trouvait un domaine suffisant dans le champ de la charité catholique : il avait plus de confiance dans les services qu'il rendait que dans ceux que la politique réclamait de lui. Les titres, les fonctions, le pouvoir et tous les avantages qui en dépendent ne purent le séduire un seul moment et il refusa de descendre dans l'arène politique.

Par une rencontre singulière, chacun des événements importants de sa vie avait coïncidé avec une des révolutions politiques de la France : au moment où il atteignait l'âge de raison, le premier empire croulait sous l'invasion étrangère ; son mariage avait eu lieu deux mois après la révolution de 1830; la révolution de 1848 avait fermé la première période de sa prospérité commerciale; enfin l'effondrement du second empire et la Commune de 1871 avaient décidé sa retraite : toutes ces catastrophes lui avaient donné un goût médiocre pour les choses de la politique.

Son absolu désintéressement le plaçant bien au-dessus de toute ambition personnelle, il n'aurait accepté de rôle dans le gouvernement de la France, qu'avec la conscience de pouvoir être utile à son pays; et il n'en imagina t pas le moyen au milieu de ce conflit de passions où l'intérêt des partis est mis au-dessus des intérêts publics, où il s'agit beaucoup moins de la liberté pour tous que de la domination pour quelques uns. Encore si cette domination eût été le règne des meilleurs ?

A quoi bon s'inféoder à un parti? Comment renoncer à toute indépendance personnelle, sous peine de se voir lapider par ses amis de la veille ?

Enfin, il avait trop de pénétration pour ne pas sentir qu'avec sa haute loyauté et ses pratiques religieuses, il eût été aussitôt relégué au rang des naïfs par ces habiles qui conduisent la France, les uns à Sedan, les autres à la Commune légale.

Voilà pourquoi il déclina le périlleux honneur d'entrer dans la vie politique, en assurant qu'il faisait de son temps un emploi qui ne lui laissait aucun loisir. L'agitation stérile des discussions lui était particulièrement odieuse. En somme, on lui demandait de sacrifier les œuvres utiles aux mots retentissants et vides, de laisser Dieu pour la politique; et il répondait comme Joas à Athalie :

Quel père
Je quitterais, et pour... —Eh bien?— Pour quelle mère

Il avait su se faire une existence fort occupée; et si les devoirs de son infatigable charité lui laissaient quelques moments de loisir, n'en avait-il pas le meilleur emploi dans la vie de famille. N'avait-il pas là encore des heureux à faire ?

Sa tendresse pour sa femme avait eu toujours quelque chose de paternel; il avait surtout à cœur d'écarter de son chemin toutes les épines, et de ne lui offrir de la vie que les fleurs qui pouvaient la charmer. A une époque et dans une société où le moi tient une si grande place et où les intelligences les plus distinguées n'échappent point à cette fièvre de l'adoration de soi-même, quelle merveille qu'un homme qui ne pense point à lui et ne se laisse point entraîner à un seul mouvement d'égoïsme! Pour remplir un devoir, il se croyait autorisé à quitter sa maison et à laisser seule la compagne de sa vie; pour prendre un plaisir, même le plus innocent, jamais, jamais.

Sa bonté n'avait d'égale que sa modestie; elle était aussi sérieuse que profonde. Après l'inauguration de sa Maison de retraite, un de ses amis crut devoir faire rendre compte de cette cérémonie dans un journal; mais quand il présenta ce compte-rendu à M. Chardon, celui-ci eut besoin de tout son empire sur lui-même pour dissimuler sous un demi-sourire tout le mécontentement qu'il en ressentait, et il fallut bien du temps pour effacer de son esprit le mauvais souvenir de cette affectueuse trahison. En écrivant cette notice, on ne peut se dissimuler qu'à l'édification du public et à la satisfaction de tous ceux qui l'ont connu et aimé, on fait le sacrifice de la volonté même de ce chrétien et de son humilité sincère. Mais à quoi servirait la justice, si ce n'est à ces deux œuvres qui se tiennent : faire rentrer dans l'ombre les ambitieux qui ont usurpé leur place au soleil, et mettre en lumière les honnêtes gens qui dans leur modestie ont tout fait pour se cacher. Plus ils ont pris soin de se dérober aux regards, plus il convient de proclamer leurs titres à notre admiration et à nos respects.

Cette amabilité, cette prévenance, cette préoccupation du bien-être d'autrui, le suivit jusqn'à sa dernière heure; M. l'abbé de La Guibourgère ayant précédé de quelques minutes M. le curé trouva le malade affaibli par des vomissements qui duraient depuis quarante-huit heures; le premier mot du mourant fut : « Pardon, Monsieur l'abbé, de vous recevoir si peu convenablement. »

Son amour passionné pour le travail se traduisit plus d'une fois dans de charmantes allocutions adressées aux enfants de l'école d'Igny, pour joindre, disait-il avec bonhomie, à « la distribution des prix, une distribution de bons conseils. » Avec quelle conviction intime il ajoutait : « Travaille, nous dit le bon Dieu, ou bien je te traiterai comme l'arbre qui ne porte point de fruits et qui n'est bon qu'à être jeté au feu; travaille! »

De ses rapports avec le monde de l'aristocratie, il avait retenu un goût décidé pour la distinction des manières et du langage. Il exprimait volontiers son jugement à l'égard de certaines familles sous une forme spirituellement familière : « Cette maison, disait-il, c'est une maison où ça sent bon »

Lui offrir l'occasion d'exercer sa charité et

d'obliger, c'était réellement l'obliger. Tout homme qui a un ami se plaît à le servir; Chardon-Lagache était l'ami de l'humanité; il disait avec conviction : « Être utile, c'est ressembler au bon Dieu. »

Sa morale, aussi simple qu'élevée, se résumait en deux mots : « Aimer Dieu et son prochain. — Être fidèle à la grande loi du respect et du travail. »

Un jour qu'on lui conseillait le repos : « Non, dit-il, dans le chemin du devoir, il n'y a pas d'arrêt. »

Que de mots pleins de cœur et de bonne grâce on pourrait citer de lui ! Un ami, qui venait de très loin pour lui demander son concours à une œuvre de charité, le surprit au moment où il se mettait à table et s'excusait de le déranger. — « Qu'est-ce que cela, auprès de vous qui êtes venu de si loin par charité ? »

Le progrès constant de son activité généreuse et l'accroissement de ses libéralités, semblaient la réalisation de cette parole d'un grand chrétien : « Au début de la vie on est heureux de ce qu'on reçoit ; au terme on ne l'est plus que de ce qu'on donne.... Mon vrai bonheur, à l'avenir, n'est que dans le bien que je puis faire autour de moi. »

A plus de soixante-douze ans il était encore dans le plein exercice de sa charité, dans la pleine activité de ses bonnes œuvres, dans toute la vigueur de son intelligence. Loin d'être une décadence, la vieillesse n'était pour lui qu'un progrès de sa puissance morale. Comment a pu se maintenir sans défaillance cette énergie pour le bien ? Sans nulle hésitation il faut répondre : la foi et la charité chrétiennes ont été les sources intarissables de ses bienfaits; il a été bon parce qu'il a été chrétien.

Qui ne comprendrait alors ce misanthrope de beaucoup d'esprit qui dit un jour en voyant Chardon-Lagache : « Voilà un homme qui me réconcilierait avec l'humanité »

En vain, il faisait du temps et de la vie un si noble emploi, en vain toutes les apparences éloignaient l'inquiétude et semblaient permettre un long espoir, Dieu voulut l'appeler avant l'heure « à la récompense des hommes de foi et de charité » ; c'est le témoignage que lui a rendu l'éminent cardinal-archevêque de Paris. Malgré le poids des années nous le trouvions plein de jeunesse et de verdeur; Dieu le trouva mûr pour l'éternité.

Sa mort contient pour nous tous un dernier

enseignement : elle nous apprend à nous tenir toujours prêts au grand départ.

Jamais homme n'a joui d'une santé meilleure dans une vieillesse exempte de toute infirmité ; jamais homme n'a mieux réglé sa vie d'après les lois de la tempérance et n'a pris des soins hygiéniques plus intelligents et plus réguliers ; quand le doigt de Dieu le toucha, toute cette œuvre éphémère s'évanouit et en quelques heures tout fut terminé.

Le jeudi 10 juillet, il se leva vers sept heures du matin et se hâta de se préparer pour aller à la réunion du Conseil de l'Assistance publique, où il avait à lire un rapport. Cependant un malaise persistant le contraignit à faire appeler son voisin et ami, le docteur Malhéné, qui lui rappela qu'il avait déjà souffert de douleurs hépatiques et parvint à le décider à se mettre au lit en lui disant d'un ton presque impératif : « Si vous sortez, on vous ramènera en voiture. » Après avoir écrit encore près d'une heure, le malade se coucha pour ne plus se relever.

Les remèdes employés pour combattre les douleurs d'entrailles et les nausées demeurant impuissants, le docteur Malhéné fit part de ses inquiétudes à M. Alfred Chardon qui, épouvanté de ces sinistres prévisions et voulant avoir l'avis du médecin ordinaire de sa famille, se hâta de courir lui-même, à pied, le chercher à Paris, pour le ramener auprès de son père. Aussitôt arrivé dans la soirée, le docteur Contour fut accueilli par ces mots : « Cher docteur, quelle bonne fortune ! je suis heureux de vous voir. » Après avoir constaté que le pouls était faible; mais que le malade n'avait point de fièvre, le docteur Contour rassura la famille. Cependant la nuit fut très mauvaise; et le vendredi, quand le docteur Contour revint à dix heures du matin, le malade le reconnut à peine. Alors on fit appeler le docteur Moutard-Martin qui n'arriva que pour constater qu'il n'y avait plus rien à tenter.

Le samedi matin, le corps était épuisé, le pouls était presque nul, la peau couverte d'une sueur froide. Le malade jusqu'alors était resté plein de sécurité, ne se croyant exposé qu'à une saison de Vichy; à ce moment il parut anxieux. Appelé en hâte, M. le curé d'Auteuil le trouva dans une somnolence d'où il ne sortit que pour remplir ses derniers devoirs de chrétien. Les douleurs avaient cessé, la physionomie était sérieuse et reposée; il manifesta qu'il avait la pleine et lucide connaissance de ses actes. Avec le recueillement profond qu'il avait porté toute sa vie dans l'accomplissement de ses devoirs religieux, il s'associa aux prières que l'Église adresse à Dieu pour le chrétien qui va entrer dans l'éternité. Vers midi et demi, il rendit le dernier soupir, mourant comme il avait vécu, en grand chrétien, en fils soumis de l'Église catholique.

Dieu lui donna la grâce d'une fermeté pleine de calme devant l'heure suprême. Ce juste qui pendant sa vie s'était laissé parfois dominer par une terreur presque enfantine de la mort, s'est trouvé armé d'une admirable résignation au coup imprévu qui venait le frapper. Il a eu l'honneur d'une belle et bonne mort; il a passé avec un calme inaltérable et plein de sainteté. Une âme chrétienne proposait avec anxiété cette question : « L'idée religieuse et le caractère, deux trésors que la France moderne a perdus ! Où sont les hommes de cœur qui sauront nous les rendre? » (1) Chardon-Lagache était digne de répondre à ce noble appel.

Jusqu'au dernier moment il goûta la félicité suprême de rencontrer dans sa femme, dans son fils et dans sa belle fille, un devouement dont le

---

(1) LE COLONEL PAQUERON, notice par *Mgr Saivet* page 108.

souvenir seul arrache encore des larmes à ceux qui en ont été témoins. Il avait donc la satisfaction de laisser auprès de sa veuve un fils qui porte dignement le nom de celui qu'il a toujours vénéré avec la plus respectueuse soumission et une belle fille dont il avait éprouvé dès longtemps le dévouement et la pitié filiale.

Au spectacle d'une mort si édifiante, sa famille, ses amis, ses serviteurs purent répéter avec confiance les dernières paroles du psaume : « Que le Seigneur le comble de bonheur dans la terre des vivants, dont le jour sans déclin s'écoule dans une paix inaltérable, et dont la durée est l'éternité. »

C'était l'acte de foi et d'espérance qui avait inondé de joie le cœur de ses pieux parents à sa naissance; c'était la prière qu'il avait eue sur les lèvres et dans le cœur au jour béni de son heureux mariage; c'était le vœu qui avait été prononcé sur lui, dans la cérémonie de consécration de la Maison de retraite Chardon-Lagache; ce fut le cri suprême qui s'échappa du cœur de tous ceux qui l'avaient connu, quand ils le perdirent, le 12 juillet 1879.

V

Enfant d'Auteuil, c'est la même petite église d'Auteuil qui a vu s'accomplir tous les grands actes de sa vie de chrétien : à Notre Dame d'Auteuil il a été baptisé en 1807, il a fait sa première communion et a été marié, il a fait baptiser ses enfants; à Notre-Dame d'Auteuil il a reçu les bénédictions suprêmes de la religion, le 15 juillet 1879.

Les funérailles de Chardon-Lagache ont été célébrées avec une grande solennité : l'affluence était considérable, car la foule était composée de ses obligés et de ses amis. Toutes les œuvres de charité qui perdaient un généreux bienfaiteur avaient tenu à honneur de s'y faire représenter avec éclat; S. E. le cardinal-archevêque de Paris, afin de bien témoigner son affectueuse estime pour ce grand bienfaiteur des pauvres, avait délégué l'un de ses vicaires-généraux M. l'abbé Caron qui avait pour M. Chardon-Lagache des sympathies toutes particulières; et spontanément M. l'abbé Lagarde, autre vicaire-général s'était joint à lui pour honorer le protecteur des œuvres de charité dont il a particulièrement le soin. Aucune marque de considération ne lui a manqué ; mais surtout aucun des témoignages des plus touchants regrets : c'était sur eux-mêmes que pleuraient les pauvres, les amis, les chrétiens; tous semblaient dire : « Nous avons perdu notre maître et notre appui. »

Avant même que les derniers honneurs fussent rendus à l'ami qu'il venait de perdre, pour donner satisfaction à sa douleur personnelle et résumer tant d'émotions communes de deuil et de regret, M. Lamazou, curé de Notre-Dame d'Auteuil, à tous les offices du dimanche 13 juillet, a fait part à ses paroissiens du coup dont la Providence venait de les frapper, il a dit :

« Mes bien chers Frères,

« Je viens, les larmes aux yeux et la douleur au cœur, vous demander un souvenir dans vos prières pour M. Chardon-Lagache, que nous avons eu le malheur de perdre hier. M. Chardon-Lagache n'était pas seulement la providence d'Auteuil, il était encore l'homme le plus bienfaisant de Paris; aussi que de regrets sa rapide disparition ne va-t-elle pas provoquer dans cette grande cité !

« Quelle perte pour Paris, dont les différentes œuvres de bienfaisance publique et privée trouvaient en lui le soutien à la fois le plus généreux et le plus modeste ! Il ne reculait devant aucun effort, aucun sacrifice, quand il s'agissait de créer une œuvre de bienfaisance, de venir en aide aux malheureux et aux déshérités de ce monde. Il avait au plus haut degré la vocation, je devrais dire la passion du bien. Ceux qui ont eu comme moi le bonheur de le voir de près à l'œuvre, se demandaient comment il pouvait déployer autant d'activité, répandre autour de lui autant de bienfaits, se dévouer aux misères humaines avec un si rare courage et un si profond oubli de lui-même ! Faire tant et de si généreuses actions nous semblait un prodige ; lui seul croyait qu'il n'en faisait pas assez. Ce bel asile d'Auteuil dont il a doté la ville de Paris et auquel il donnait ses plus chères affections dira aux générations futures ce que fut le cœur dévoué et compatissant de M. Chardon.

« Quelle perte pour la paroisse de Notre-

Dame d'Auteuil ! Il aimait son cher Auteuil comme on aime une famille. Il se préoccupait de ses besoins matériels et moraux ; il ne négligeait aucune occasion de venir en aide aux œuvres de charité ; avec la haute influence dont il jouissait dans l'administration de l'Assistance publique, il faisait placer dans les différents établissements de bienfaisance nos orphelins, nos vieillards, nos incurables. En un mot, c'est avec un cœur d'ami qu'il s'intéressait à tout et à tous !

« Permettez-moi d'ajouter : Quelle perte pour le pasteur de Notre-Dame d'Auteuil ! Lorsque, il y aura mercredi prochain cinq ans, l'autorité diocésaine me confia le gouvernement de cette paroisse, M. Chardon me dit avec une grâce exquise : « Monsieur le curé, vous êtes mon général ; considérez-moi comme votre lieutenant ; je suis tout à vos ordres. Vous n'avez qu'à commander ; vous serez obéi. » Pendant cinq ans, il a tenu parole. Avec quelle simplicité, quelle force, quelle opiniâtreté de dévouement, je crois le sentir et l'apprécier ; mais je ne saurais vous le dire. Sans lui je me serais découragé au milieu des difficultés sans nombre qu'a rencontrées l'œuvre capitale d'Auteuil, la construction et l'achèvement de notre nouvelle église. C'est à cette œuvre qu'ont été consacrés les derniers efforts de sa vie. Les murs de la maison de Dieu qui s'élèvent à côté des murs de son Asile de la vieillesse seront à travers les siècles un témoignage vivant de son esprit de foi et de charité.

« M. Chardon ne nous est pas enlevé tout entier; ses œuvres et ses exemples nous restent. Il a su grandement remplir tous ses devoirs vis-à-vis de Dieu et de ses semblables. Il a été le chef bien-aimé et respecté d'une famille qu'il avait su faire à son image et qui aura à cœur de conserver ses douces et bienfaisantes traditions. Il avait un admirable esprit de foi, et c'est dans cette foi simple et profonde qu'il puisait son incomparable dévouement à ses semblables. On peut dire de lui comme des héros : Il est mort sur la brèche, il est mort à son poste, au poste du dévouement. Dieu devait bénir d'une manière visible de si rares vertus.

Enlevé aux œuvres de Paris et d'Auteuil le surlendemain du jour où il voulait, malgré les premiers symptômes de la maladie, se rendre à ses chères réunions de l'Assistance publique, il a conservé, au milieu de ses cruelles souffrances, une incroyable résignation et sérénité.

J'écrivais hier au cardinal-archevêque de Paris qui lui avait voué la plus affectueuse reconnaissance et se plaisait à l'appeler *son bras droit* dans le ministère de la charite évangélique : « J'ai eu la tristesse et la consolation d'assister M. Chardon dans ses derniers moments. Je n'oublierai jamais son inaltérable patience et son admirable esprit de foi. On voyait bien qu'il était avec Dieu et Dieu avec lui. Sa mort a été celle du juste ; elle a été le digne couronnement d'une vie de bonnes actions et de bons exemples. »

« On peut résumer en deux mots cette belle vie de M. Chardon. Il a su accomplir avec une merveilleuse perfection les deux grands préceptes de la loi évangélique : il a aimé Dieu par-dessus tout; il a aimé ses semblables comme lui-même, que dis-je ! plus que lui-même. On dira de ce généreux disciple de Jésus-Christ ce que les livres saints disent avec une si éloquente concision du divin Maître :

Il a passé en faisant le bien !

Le même jour sous le coup des émotions de la veille, M. l'abbé Bailly, aumônier de la Maison de retraite, montrait aux pensionnaires attendris quelles touchantes leçons de résignation et de gratitude se dégageaienr pour eux d'une vie si bien remplie.

Le mardi, 15 juillet, au nom du Conseil de surveillance de l'Assistance publique dont Chadon-Lagache était membre très actif, M. Henri Davillier, Président de ce Conseil, a prononcé le discours suivant, sur la tombe de Chardon-Lagache, au milieu d'une foule recueillie et émue :

« Messieurs,

« C'est avec une profonde douleur que je m'approche de cette tombe qui va se fermer pour toujours sur l'homme de bien à qui il n'a manqué aucune des vertus qui commandent le respect, aucune des qualités du cœur qui inspirent l'affection.

« M. Chardon est né à Auteuil, où son père avait exercé la médecine pendant un grand nombre d'années sous le noble titre de *médecin des pauvres*, que lui avait donné la reconnaissance des habitants. M. Chardon hérita des sentiments charitables de son père : riche d'une éducation libérale et distinguée, sa seule richesse alors, il quitta le toit paternel pour se livrer aux affaires commerciales. Un travail assidu, une remarquable intelligence, une probité à toute épreuve ont bientôt apporté à l'habile négociant la fortune avec la considération, et pendant plus de quarante ans, M. Chardon fut à la tête d'une des premières et des plus honorables maisons de Paris. Il ne tarda pas à se mêler activement aux bonnes œuvres, et il devint successivement membre du Conseil de surveillance de l'Assistance publique, Président du conseil de surveillance de l'asile de Vincennes, membre du Conseil de l'œuvre de Saint Nicolas et de l'Asile Fénelon, membre de la société des Amis de l'enfance, membre du Conseil de surveillance de la Colonie de Mettray et de l'Asile de nuit pour les femmes qui vient de s'ouvrir à Paris.

« Charitable avant tout, modeste à l'excès, esprit très conciliant, le trait distinctif de son caractère était le sentiment du devoir, et il en remplissait l'exercice avec un religieux scrupule. Aussi, au milieu de ses nombreuses occupations, étonnait-il toujours ses collègues par son exactitude et son assuidité.

« Mais l'œuvre à laquelle il a consacré sa vie et une partie de sa fortune, c'est cette belle Maison qui porte son nom, que vous avez tous admirée et qui donne asile à deux cents personnes des deux sexes. Cette fondation lui a mérité, en 1865, la croix de chevalier de la Légion d'honneur, et certes jamais semblable distinction n'a été appliquée à plus noble poitrine! Enfin, Président du Conseil de fabrique de cette paroisse, il a contribué puissament par une large souscription personnelle et par de généreux efforts, à l'érection de cette nouvelle église, dont, hélas ! il ne verra pas l'achèvement.

« Il est mort en chrétien après une courte maladie dans cette commune d'Auteuil qu'il a tant aimée et où il laisse d'impérissables souvenirs.

« Maintenant partez en paix, cher et vénéré collègue, serviteur passionné de la charité, des vertus et des libertés chrétiennes ; allez dans un monde meilleur recevoir la récompense de vos vertus, et laissez votre bénédiction à ceux qui vous pleurent, à ces pauvres gens, à ces jeunes enfants dont vous étiez la providence, à ces dignes Frères, à vos nombreux amis, à ce fils et cette fille adorés, à cette incomparable femme qui a si bien su vous inspirer, vous comprendre et vous imiter, cette compagne de votre vie dont vous avez été le bonheur et l'orgueil pendant de longues et heureuses années.

« Adieu, Chardon-Lagache; puisse le chagrin

si vrai, si profond qui se manifeste autour de cette tombe, puisse la considération légitime qui vous entoure, puisse la sympathie qui éclate dans cette nombreuse assistance, apporter un adoucissement à la légitime douleur de votre famille éplorée!

« Unissons nous tous pour dire un solennel adieu au meilleur et au plus digne des hommes.

Après M. H. Davillier; interprête des sentiments de l'administration de l'Assistance publique, à laquelle Chardon-Lagache était attaché depuis plusieurs années, M. M. Moring, directeur de cette administration, a résumé dans les termes suivants les services de cet éminent homme de bien :

« Mesdames et Messieurs

« Il est une couronne que l'administration de l'Assistance publique a le triste et pieux devoir de déposer sur cette tombe : c'est celle de la reconnaissance.

« A quelques pas de l'habitation de l'homme

de bien que la mort vient de nous enlever d'une manière si soudaine et si cruelle, s'élève, au milieu de beaux jardins, une grande et confortable maison, qui n'a ni l'aspect de la demeure du riche ni celui de la demeure du pauvre.

« Dans cette maison hospitalière sont reçus les vieillards des deux sexes qui se sont constitué une épargne modeste par une vie honnête et laborieuse. Insuffisante pour assurer leur existence, cette épargne leur permet d'être admis dans cet asile où tout a été prévu pour entourer leur vieillesse de bien-être et de soins.

« Celui qui a doté la population parisienne de cette maison bénie, celui qui a consacré d'accord avec la compagne de sa vie et avec ses enfants, une grande partie d'une fortune noblement conquise par le travail, à cette belle et utile fondation, c'est celui autour duquel nous nous rassemblons une dernière fois, c'est M. Chardon-Lagache.

« A la nouvelle de sa mort, et ces vieillards qui lui doivent le repos et le bonheur, et l'administration de l'Assistance publique tout entière ont été profondément émus et affligés.

« Nous perdons un bienfaiteur, un ami dévoué, un guide sûr, un zélé défenseur des intérêts hospitaliers.

« Sa mémoire nous restera précieuse et chère; il vivra parmi nous, il vivra parmi nos successeurs, comme parmi ces vieillards et parmi la population parisienne. — Il vivra par le souvenir de ses bienfaits!

« Au nom des pensionnaires de la maison Chardon-Lagache, au nom de l'administration générale de l'Assistance publique, je dépose sur cette tombe l'hommage de notre profonde reconnaissance, de nos regrets et de notre respectueux attachement.

« Puisse cet hommage être une consolation pour la compagne de sa vie et pour ses enfants, qui n'ont cessé de s'associer à ses bienfaits et que nous ne séparons pas de lui dans l'expression de notre gratitude. »

La paroisse d'Auteuil avait à exprimer des regrets très profonds à la mort d'un de ses enfants; la fabrique de Notre-Dame d'Auteuil perdait en Chardon-Lagache un président qu'elle ne remplacera pas de si tôt et qui lui a rendu pendant plusieurs années et dans des circonstances bien difficiles les services les plus dévoués et les plus intelligents. Ce qu'il a su déployer d'ingénieuse persévérance pour obtenir des résultats que la justice et le bon droit réclamaient impérieusement, ceux-là seuls le savent qui ont assisté jour par jour à ces négociations dont une âme moins charitable et moins chrétienne se serait lassée dès le premier moment. A défaut de ces détails, dont la publicité n'aurait pas été sans péril, un des membres du Conseil de fabrique de Notre-Dame d'Auteuil a essayé de se faire l'interprète du deuil de la paroisse et de la gratitude du Conseil ; il a dit :

« Messieurs,

« La paroisse d'Auteuil doit un tribut particulier de reconnaissance à l'éminent homme de bien que nous pleurons tous.

« Auteuil a été son berceau, comme il est aujourd'hui son champ de repos éternel ; Auteuil a eu toutes ses préférences et lui doit tous ses regrets ; car il fut son orgueil et sa gloire.

« Chardon-Lagache avait pris pour devise et pour règle le précepte de l'Évangile : « Inclinez votre âme vers le pauvre et payez votre dette. » Aussi, dès le début de sa carrière, interprétant au pied de la lettre le principe : « Qui donne aux pauvres prête à Dieu, » il mit Dieu de moitié dans toutes ses entreprises, il s'associa les pauvres et après le succès il leur fit une large part de bénéfices.

Quand il voulut offrir un lieu de retraite à ses chers associés, ce fut encore Auteuil qui lui parut réunir les conditions les plus favorables à leur bien-être.

« Entrez dans ce bel établissement qui est honoré de son nom, frappez à toutes les portes d'Auteuil : partout vous recueillerez le même témoignage : « Ce n'était pas une âme charitable, c'était la charité même. » A ses yeux la richesse n'était qu'un dépôt confié par Dieu pour être rendu à tous ceux qui sont dans le besoin.

« Sa délicate bonté mettait toujours l'âme avant le corps, et au pain qui nourrit ajoutait le sourire qui console et le serrement de main qui relève et affermit. Faire le bien était sa vie, et, pour le peindre d'un mot, il était tout amour et charité. Sa bienfaisance n'avait d'égale que sa modestie : nous l'avons vu reconnaissant des occasions qui lui étaient offertes de payer à l'humanité la dette contractée envers Dieu. Enfin il travaillait au bonheur de ses frères avec plus d'ardeur que la plupart des hommes n'en mettent à poursuivre leur plaisir.

« Président du Conseil de fabrique de Notre-Dame d'Auteuil, il avait su trouver dans ces fonctions une source nouvelle d'activité féconde. Il avait attaché ses soins les plus assidus à la construction de notre nouvelle église. Pour prix de son zèle infatigable, il croyait pouvoir compter qu'il verrait enfin couronnés par le succès tant de généreux efforts, Dieu ne l'a pas voulu ; il a enlevé l'ouvrier à son œuvre inachevée ; un coup soudain nous l'a ravi dans toute la verdeur d'une santé qui semblait permettre un long espoir. Tout faisait présager qu'il verrait se prolonger encore le soir de ce beau jour ; la Providence a borné sa course et lui a donné déjà le prix de ses travaux et de sa vertu.

« Où l'homme se révolterait avec rage, le chrétien courbe la tête et dévore ses larmes, parce qu'il voit planer sur la tombe et sortir de la mort une immortelle espérance.

« Nous qui sentirons longtemps sa perte, nous ne pouvons qu'honorer sa mémoire et imiter de loin ses exemples. Auteuil ne manquera pas à ce pieux devoir ; le nom de Chardon-Lagache restera inscrit dans le cœur de tous ceux qui l'ont connu, c'est-à-dire qui l'ont aimé : la reconnaissance publique sera la couronne de sa vie et le soulagement de son inconsolable famille ; enfin la France s'honorera en perpétuant le souvenir d'un de ses plus nobles enfants. »

Quelques jours après, avec un ingénieux à propos, M. le curé de Notre-Dame d'Auteuil toujours empressé à saisir les occasions de glorifier les vertus chrétiennes rapprochait Chardon-Lagache de saint Vincent de Paul. Voici la fin de son allocution aux pensionnaires de la Maison de retraite d'Auteuil le 20 juillet 1879, à l'occasion de la fête de saint Vincent de Paul :

. . . . « Tel fut Saint Vincent-de-Paul, un homme d'un incomparable dévouement à Dieu et à ses semblables.

« Vous ne serez point surpris qu'après avoir retracé les vertus et les bienfaits d'un des plus admirables modèles de la charité chrétienne, je consacre un religieux souvenir à l'homme de bien que nous pleurons tous, que nous pleurerons longtemps encore, et qui a su continuer avec une si rare perfection, dans cette grande cité de Paris, les bienfaisantes traditions de saint Vincent de Paul. Comme saint Vincent de Paul, M. Chardon-Lagache a témoigné un profond attachement à ses semblables, parce qu'il était animé d'un amour sans bornes pour Dieu. S'oublier lui-même pour faire du bien aux autres, telle a été la constante préoccupation de sa vie.

« Vous qui l'avez plus particulièrement connu et aimé, vous admiriez comme nous son infatigable dévouement, sa douce et attrayante bonté. Il était l'ange gardien visible de cette chère maison; il y éprouvait toujours une sainte joie parce qu'il vous y savait tous heureux. Ce n'est donc pas à vous qu'il est nécessaire de rappeler ses vertus et ses bienfaits. Les murs de cet asile qu'il a élevés au prix de si généreux sacrifices parlent plus haut que la parole humaine; les magnifiques funérailles que lui a faites mardi dernier la reconnaissance de la population parisienne, l'émouvante cérémonie religieuse qui vous réunissait hier dans ce sanctuaire, les larmes que vous y avez versées, celles que je vois encore en ce moment, au seul nom de M. Chardon-Lagache, sillonner vos visages, sont mille fois plus éloquentes que l'expression de mes regrets.

« Vous ne le verrez plus à cette place où il associait ses prières à vos prières et demandait si souvent à Dieu pour vous et les vôtres ses meilleures bénédictions..... Je me trompe! Son cœur y sera toujours; et ce cœur qui vous a tant aimés et qui vous aime encore, vous ne l'oublierez jamais. Vous demanderez à Dieu de lui accorder les immortelles récompenses promises aux grands et modestes dévouements. Vous honorerez par vos reconnaissants regrets un homme qui a tant honoré Dieu, Paris, sa famille, cette paroisse; qui s'est tant honoré lui-même par la générosité de son âme et son inépuisable bienfaisance. Ainsi, comme celle de saint Vincent de Paul, la mémoire de M. Chardon-Lagache sera bénie de Dieu et des hommes. »

Qu'est-il besoin d'ajouter à tant de témoignages éloquents ?

Ils font pour la famille de Chardon-Lagache des titres de noblesse incomparables; ils entourent de la plus belle auréole le nom de cet homme qui a mérité de prendre la devise du vrai chrétien de nos jours, la devise qui fera le salut de la France, quand la France saura le vouloir : *Travail et charité.*

PARIS-AUTEUIL
IMPRIMERIE DES APPRENTIS-ORPHELINS. — ROUSSEL
40, Rue La Fontaine, 40.

www.ingramcontent.com/pod-product-compliance
Ingram Content Group UK Ltd.
Pitfield, Milton Keynes, MK11 3LW, UK
UKHW022128170726
13837UKWH00003B/1435

9 782329 232492